Paulin Kialo

Le rêve

Paulin Kialo

Le rêve

Éditions Muse

Cover image: www.ingimage.com

Publisher:
Éditions Muse
is a trademark of
International Book Market Service Ltd., member of OmniScriptum Publishing Group
17 Meldrum Street, Beau Bassin 71504, Mauritius
Printed at: see last page
ISBN: 978-620-2-29858-2

KIALO'A KONDZI

Le rêve

Roman

Dédicace

A Toi, dont le cœur bat du bon côté. Tu donnes forme à l'informe. Merci pour tout du fond du cœur.

Chapitre 1

La nouvelle, comme une trainée de poudre, s'était répandue dans tout le village : les vendeurs du *yamba*[1] les plus réputés avaient été tués dans la nuit par les *migholè*[2] qui luttaient contre les vendeurs de cette herbe. Tout le village était en émoi. Il régnait un silence assourdissant. Et pourtant la veille, rien ne présageait un tel drame.

Ce couple s'était installé chez le frère de l'homme depuis un certain temps, sans palabre. Il leur était tout simplement reproché la vente de l'herbe.

Leur fille de treize ans était en grossesse. Elle ignorait qui était le futur père. Malgré cela, le bonheur s'était invité au sein de la maisonnée. Ils avaient enfin un héritier ou une héritière. Le frère de l'homme ne partageait pas cet enthousiasme. Son argument reposait sur l'âge de l'enfant.

- *Boukondé est en grossesse, que faisons-nous ?* s'était interrogé l'homme.

- *Chéri, nous avons de l'argent pour nous en occuper. Il ne faut pas t'inquiéter pour ça,* avait répondu la femme.

- *Mais s'il nous arrivait malheur, comment ferait-t-elle pour s'en sortir ? Elle est tellement jeune et fragile. Tu sais que mon frère ne partage pas notre joie de savoir que notre fille est en grossesse. Et pourtant l'arrivée d'un enfant dans la famille devrait être un événement heureux.*

Le père de Boukondé se présentait à l'infirmerie du village comme étant l'« auteur » de la grossesse. L'infirmier ne posait aucune question sur la véritable paternité de cette situation, tant la pratique était courante.

---

[1] Chanvre indien.

[2] Policier, militaire, etc.

- *L'enfant*, répondait-il à ceux qui lui posaient la question, *appartient à la communauté, c'est tout !*

Dans le village, ils n'étaient pas nombreux, les enfants qui allaient à l'école. A quoi servaient les études dans une bourgade où régnait la malédiction ? Plusieurs parents avaient tenté d'envoyer leurs enfants à l'école, sans succès.

A six mois de grossesse, Boukondé commençait, elle aussi, à se poser la question, à l'ombre et à l'indifférence-joie de ses parents.

Cette grossesse lui faisait ressembler à sa mère. Ce qui, perversement, faisait germer dans la tête de son père, toutes sortes d'idées malsaines.

- *Si seulement je pouvais redevenir jeune, j'aurai été ... son futur mari.*

Chaque fois que sa femme lui posait la question sur ses absences, il répondait presque mécaniquement :

- *Ma petite, je pense à notre enfant. Il faut qu'elle aille à l'école après l'accouchement. Il faut qu'elle réussisse et qu'elle mène une vie différente de la nôtre. C'est vrai que nous vivons assez bien, mais ce n'est pas suffisant. Notre fille doit réussir.*

- *Tu as raison, on doit l'envoyer en ville, chez ton frère. On élèvera l'enfant. Nous en avons les moyens.*

Il ne pensait à sa fille que lorsqu'il était ivre. Lui et sa femme avaient interrompu leurs études en classe de première, après la mort de leurs parents respectifs. Ils avaient décidé de revenir au village.

Dans un coin de la cuisine, le père de Boukondé, qui passait rarement du temps au corps de garde, se posait la question :

- *Comment allons-nous appeler notre petit-fils ?*

Il pensait ainsi à son père et à sa mère.

- De toutes les façons, il portera les noms de mon père et du père de la femme. Vous qui êtes partis avant nous, faites en sorte que cet enfant soit un homme. Il sera mon ami.

Le nuit de la fusillade, les *migholè* étaient arrivés par l'arrière de la case et avaient tiré sans sommation après avoir brisé quelques planches du mur arrière de la case. Ils avaient tiré à bout portant et étaient repartis en pensant qu'ils avaient éliminé toute la maisonnée.

Leur fille, qui dormait juste à côté, n'avait presque rien entendu. Ils avaient fait usage des *ndzadi*[3] qui ne produisent pas du bruit.

La veille, un des leur collègues, avait été tué par d'autres *migholè* chargés de les surveiller. Ayant apprit cette nouvelle par leur chef, ils décidèrent de faire une descente dans le village maudit situé à quarante kilomètres de la ville.

Très tôt, Boukondé, sans se douter de quoi que ce soit, se dirigea, pour se soulager, derrière la cuisine. Le sommeil ne l'avait pas encore entièrement quitté. En revenant à la case, elle constata que les arbustes étaient brisés et quelques planches des latrines éparpillées au sol.

- C'est quoi ça ? On dirait que les éléphants sont encore venus visiter notre maison, comme d'habitude. Mais aucun éléphant ne peut briser les planches de la sorte.

Son inquiétude augmentait au fur et à mesure qu'elle s'approchait de la case. Elle s'avança davantage : le corps de son père gisait à même le sol. Elle lorgna par un trou et aperçu sa mère allongée sur le lit. Boukondé dégagea quelques planches et entra. Sa mère était encore vivante. Boukondé se mit à crier mais sa mère lui fit signe de se taire. Elle tremblait de tout son corps. Elle prit sa mère dans ses bras.

---

[3] Fusil en langue povconsider du Gabon.

- Soit forte ma fille. On croyait bien faire, mais comme tu vois, ce qu'on vendait a fini par nous perdre. C'est fini, on te quitte, mais n'oublie pas une chose : prépare ton avenir et cherche le père de ton enfant. Ce ne sera pas facile, soit forte.

- Non maman, ne me quitte pas, que vais-je devenir sans vous ? Je ne pourrai vivre sans vous ! Qui a tiré sur vous ?

Elle parlait sans fixer sa mère. Elle ne comprenait pas ce qui se passait. Elle fixa un instant sa mère dans les yeux, et compris qu'elle n'en avait plus pour longtemps.

Boukondé se mit à crier de toutes ses forces. En quelques minutes, le village s'installa autour de la case. Des femmes s'enroulaient au sol, les hommes se frappaient la poitrine. Son oncle entra et l'arracha des bras de sa belle-sœur. Elle avait rendu l'âme en fixant, de ses yeux, sa fille.

- *Que s'est-il passé ?* interrogea ce dernier à la fille. *Je suis affligé. Pourquoi ça m'arrive maintenant au moment où j'ai le plus besoin de mon frère ? Je vais me tuer ! Qu'ai-je fait pour mériter un tel sort ? Je vais me donner la mort ! Que s'est-il passé ma fille ?*

Un vieillard surgit et réagit :

- *Va pleurer ailleurs ! Demande plutôt à l'enfant ce qui s'est passé. On dort dans ce village comme des moutons. A notre époque, on allait livrer une vraie bagarre. Les hommes et les femmes, même les enfants boivent et fument les choses qui viennent de l'étranger. Voilà les conséquences,* s'exclama-t-il.

Boukondé était comme absente. Son regard était vide. Pour la première fois, certains habitants du village arrivaient chez eux, eux qui vivaient comme des Blancs.

- *Raconte-nous ce que tu as vu. Dis-nous ce tu as entendu,* lança une femme âgée.

- Je n'ai rien entendu. Ce matin en me levant, j'ai constaté que les bois qui sont au WC sont cassés, je pensais que c'étaient les

éléphants, mais les planches de la maison sont brisées aussi. Les gens ont tué mes parents. Que vais-je devenir sans mon père et ma mère ? Je suis restée seule au monde !

- *Je disais à mon petit-frère que ces choses-là étaient dangereuses. Amenez-la loin d'ici, elle est en grossesse, elle ne doit pas voir les cadavres humains*, avait recommandé une autre personne.

Quelques heures après, ses parents furent inhumés. Ils ne pouvaient veiller des corps de personnes décédées dans des conditions aussi atrocement. La coutume l'interdisait !

- *Tu n'es pas seule, ne parle pas comme ça, on est là, tes oncles sont là, ce sont tes pères aussi. Ils vont s'occuper de toi. Ne pleure pas, une femme qui porte un enfant ne doit pas pleurer.*

- *Faites tout pour qu'elle cesse de pleurer,* renchérit une de ses grands-mères du village. *Vraiment quand on disait à ces deux là que le yamba attirait la mort !*

- *Pour ce genre de cas, on ne parle pas de deuil, de porter le deuil, on va faire comment ? Je ne cherche pas à savoir qui est responsable de tout ça, ce sont peut être les gens de la ville,* avait lancé un autre vieillard.

L'ambiance était lourde. L'oncle ne s'était pas préparé à assumer une telle responsabilité ; lui qui s'était installé dans ce village voilà bientôt trente ans. Il cultivait et chassait du gibier pour survivre. Il pratiquait aussi le petit élevage.

Il n'avait pas eu d'enfants, et les gens racontaient dans le village qu'il subissait la malédiction de son père.

Le lendemain, son frère qui habitait en ville arriva.

- *Ce genre de mort-là ne doit pas faire l'objet de deuil, c'est comme un accident. L'enfant nous a raconté ce qui s'est passé. Les corps avaient les cartouches partout. On a fait des cercueils rapidement et on les a enterrés. Ton frère et sa femme ont été tués par les gens qui sont entrés par l'arrière de la maison*, lui dit son frère.

- *Ce n'est pas normal tout ça. On fait quoi ?* interrogea-t-il.

- *Y a rien à affaire. Ton petit frère ne comprenait rien. Il vendait le yamba comme on vend les feuilles de manioc. Depuis la mort de papa et de maman, cet enfant ne comprenait plus rien.*

- *Est-ce que les agents venaient pour acheter le yamba ?*

- *Je ne sais pas. Il y a beaucoup de gens qui venaient ici.*

- *Il y a des migholè en civil qui venaient ici* avoua Boukondé.

- *Ne t'en fait pas, je t'emmène en ville.*

Dans la soirée, il repartit avec sa nièce. Son défunt frère avait laissé suffisamment d'argent pour subvenir à ses besoins.

- *Je ne pouvais passer la nuit ici parce que je travaille demain. J'aimais ton père, c'était mon frère. Depuis la mort de tes grands-parents, les choses se sont un peu gâtées dans la famille. Mais ne t'en fais pas, on va réparer tout ça.*

- *Je sais tonton, mais perdre les parents, c'est difficile, heureusement que vous êtes là.*

- *Après ton accouchement, je dois te remettre à l'école, il y a plusieurs centres de formation. Tu vas apprendre un métier.*

- *C'est quoi le centre de formation ? On fait quoi là-bas ?*

- *On apprend les métiers là-bas : réparer les voitures, construire les maisons, tresser les femmes, coiffer les hommes, coudre des habits.*

- *Mais au village on fait tout ça sans aller à l'école !*

- *Au village on apprend aussi à faire tout ça !*

En réalité, cette conversation l'agaçait. Elle répondait à son oncle par politesse pour ne pas se montrer désobligeante. Ses parents venaient d'être inhumés, elle n'avait pas la tête à ce type de projet. Son oncle l'avait compris.

- *Ma pauvre petite, quel destin ! Est-ce que vendre le yamba était le chemin à suivre ?*

Elle posa une main sur l'épaule de son oncle qui se retourna. Elle lui sourit. Il ressemblait tellement à son frère. Son grand-père et sa grand-mère avaient eu trois enfants, tous des garçons, le père de Boukondé était le benjamin.

Le taxi brousse qui les amenait roulait lentement, car la route n'était pas très praticable. Les passagers étaient installés de part et d'autre à l'intérieur du car.

- *Paraît-il qu'un mougholè a été tué cette nuit par d'autres mighol*è. *Il était impliqué dans la vente du yamba* lança un passager, tout excité.

- *Mais c'est quand même inadmissible. Ces gens-là doivent nous protéger. Mais aujourd'hui, ce n'est plus le cas, ils achètent ces saletés et les consomment aussi.*

Il faisait très chaud dans le taxi brousse, et pourtant on était au mois d'août en plein milieu de saison sèche. Ce départ précipité la désolait, mais avait-elle le choix ? L'arrivée de son bébé s'approchait, il lui fallait s'installer en ville.

Elle observait, à travers le hublot, les arbres défiler, les oiseaux voler haut dans le ciel. Tous les souvenirs de son enfance restaient derrière. Comment vivre en ville ? Comment allait se passer l'accouchement ? Toutes ces questions traversaient son esprit.

Quand elle se rendit compte que les autres passagers l'observaient à la fois avec compassion et étonnement. Elle ressentit une gêne. En réalité son âge, sa taille, sa grossesse faisaient d'elle un être étrange. Les paroles de sa mère lui revenaient en boucle. Elle réalisait que ses propos étaient prémonitoires et justes. Tout était flou dans sa tête. Tout était allé trop vite. La grossesse, la mort de ses grands-parents, la mort de ses parents, leur enterrement précipité étaient un poids, trop lourd à porter.

Ils s'approchaient de la ville et les immeubles paraissaient au loin de plus en plus visibles. Le silence s'était installé dans le car.

Pour la première fois, elle voyait une route bitumée. Le véhicule ne tanguait plus, il n'y avait plus de secousses. Son oncle, qui l'observait, la sortit de ses pensées.

- *Tu es en ville, jeune fille. C'est cela la ville. Maintenant ça va être ton nouveau « village ».*

- *C'est la première fois qu'elle vient en ville ?* questionna le chauffeur.

- *Oui, c'est une broussarde ma petite fille.*

- *Elle est vraiment jolie,* fit-il observer.

- *Attention, je vois comment tu la regardes-là, ce n'est qu'une enfant, malgré son état.*

- *Ça se voit. Ah les enfants d'aujourd'hui, qu'est-ce qu'ils ne vont pas nous faire voir. Tout le monde descend à la gare routière et argent en main, on ne s'amuse pas avec le dolè*[4].

Le car s'arrêta à la gare routière. Avant de descendre, chaque client tendait au chauffeur de l'argent. Ce fut le tour de Boukondé et de son oncle. Elle ramassa son bagage composé de quelques vêtements et d'autres menus objets. Elle tenait à la main une photographie assez floue de ses parents.

Elle descendit soutenue par son oncle. Elle n'avait jamais vu autant de voitures, autant de maisons. Et les poubelles qui jonchaient les rues.

Ils prirent un taxi. Tout paraissait à la fois beau et laid.

- *Bonjour mon cher, tu as une autre jeune petite femme ou quoi ?* lança un passager installé au siège avant.

- *Oh salut mon cher. Oui c'est ma petite femme que je suis allée épouser au village.*

---

[4] Argent.

- Ah c'est bien, c'est comme ça qu'on fait, les femmes âgées fatiguent les gens.

- Ca va à la maison ?

- Oui ça va. Tu vois ta fille qui était en cinquième, sur laquelle je comptais, elle a refusé de faire l'école. Elle a une grossesse de trois mois, je suis vraiment foutu, aucun enfant ne peut sauver mon honneur. A quoi ça m'a servi de faire les enfants ?

- Ne t'en fais pas, chacun de nous à son destin. Moi que tu vois là, je ne me plains plus. C'est vrai qu'il avance dans ses études, mais personne ne veut me faire un enfant. La mort peut m'attraper à tout moment, je partirai sans avoir vu ma petite-fille ou mon petit-fils.

- On ne pense pas à ça, il faut qu'il fasse d'abord l'école, après tu verras. On ne peut pas tout avoir au même moment.

- La vie c'est étape par étape, renchérit le taximan. *Moi je voulais être pilote, mais aujourd'hui, je suis conducteur de taxi. Le taxi c'est un peu comme l'avion.*

- Le plus important, c'est avoir un peu de moyen pour vivre. Toi, tu as l'argent plus qu'un fonctionnaire, ajouta un autre client.

- Tu as raison, conclut pensivement l'oncle.

Les odeurs des poubelles, les klaxons, les cris des femmes et des hommes ne finissaient pas de déranger la jeune fille ; elle qui n'avait jamais vu autant de monde et de marchandises. Et de poubelles et boutiques. Mais aussi les jeunes commerçantes qui couraient avec des cuvettes remplies de marchandises sur la tête à la recherche d'éventuels clients. Elle n'en revenait pas.

- Ma grand-mère, voilà la ville. Tes petites-filles te la feront visiter après ton accouchement.

- C'est l'homonyme de ta grand-mère ?

- Oui, c'est elle, la seule. Je suis allé la chercher au village.

- C'est bien. Il faut bien t'occuper de ton mari. La grand-mère est la mère de tout le monde.

Elle les écoutait à peine tant elle était impressionnée par la profusion de tout ce qu'elle voyait.

- C'est quoi là-bas ?

- C'est la plus grande boutique de la ville. Là dedans, on vend tout : voitures, nourriture, habits, médicaments.

Elle admirait ce bâtiment et pensait déjà aux futures visites. Elle était préoccupée par l'idée qu'elle connaissait à peine les enfants de son oncle. Ils venaient de temps en temps passer les vacances au village avec leur père et leur mère. Ils s'entendaient bien.

Ils lui apportaient des cadeaux composés de vêtements, de chaussures, de jouets. Elle leur remettait, en retour, du poisson qu'elle avait conservé au fumoir.

- Arrêt quelque part devant le car bleu.

- Tu es arrivée, la grand-mère. Bienvenue en ville.

Elle ne répondit pas, elle était si fatiguée. Ses frères et sœurs se précipitèrent vers le taxi. Ils l'entourèrent. Il y avait deux filles et trois garçons. Ils étaient richement vêtus. Contrairement à elle.

Elle se retourna et observa deux *migholè* qui régulaient la circulation. Elle fronça ses sourcils.

- Ces gens venaient au village, murmura-t-elle.

- Je sais, ils sont partout, avança son oncle. *Même dans les villages, ils viennent parfois faire les contrôles.*

- Ils venaient manger et boire chez nous. Papa avait beaucoup d'amis qui portent cette tenue-là.

- Je sais.

Il répondait aux questions de sa nièce en l'observant. Elle ressemblait finalement à son frère et à sa femme. Une idée bizarre traversa la pensée de l'oncle ; il leur avait été signalé des cas d'inceste.

- *Non, je ne peux envisager cela. Je connaissais mon frère. Il a toujours pensé au meilleur pour sa fille. Sa femme et lui faisaient l'effort d'élever leur fille sainement. Il est vrai qu'ils vendaient du yamba, et faisaient tout pour l'éloigner de cette « chose ». Ce qui provoquait les railleries des autres villageois. Il le savait, mais n'en faisait pas cas.*

Quand les « gens » arrivaient chez eux, Boukondé s'asseyait dans un coin de la maison et écoutait, avec intérêt, leurs conversations. C'est pendant ces moments qu'elle se rendait compte que les *migholè* s'approvisionnaient en *yamba* auprès de ses parents.

Chapitre 2

La maison était grande et belle. Elle n'en avait jamais vue d'aussi belle. On l'installa dans une des chambres occupée par la dernière fille de son oncle. C'était une chambre propre, tout y était : lit, salle d'eau et armoire à linge. La femme de son oncle qu'elle n'avait pas entendue entrer se tenait à ses côtés.

- La grand-mère, ne pleure pas, tu es en grossesse. Les femmes enceintes ne doivent pas pleurer. On ira à l'hôpital dans deux jours.

- Je pense à papa et à maman. Pourquoi ces gens-là on fait ça ? Je ne comprends pas ce qui se passe maintenant.

- Ne pense plus à ça. Ton enfant va porter soit le nom de ta mère si c'est une fille, si au contraire c'est un garçon, il sera l'homonyme de ton père. Tu iras de temps en temps au village avec notre mari.

- J'ai chaud.

- Va dans cette pièce, il y a tout pour te laver. Il y a l'eau chaude et l'eau froide.

- De l'eau chaude ? Où est le feu ? Dans le mur ?

- Tu vois la grosse marmite contre le mur ?

- Oui.

- L'eau est là dedans et le courant que tu vois là chauffe l'eau. Tu ouvres ici et là, un peu seulement, et tu as l'eau tiède.

Elle l'a fit entrer dans la douche.

- N'aie pas honte, tu es la grand-mère de mon mari, et quand tu vas accoucher, je vais te faire l'eau chaude.

- Maman me le disait tout le temps.

- La serviette est là et tu appuies sur le bouton qui est sur le mur.

Au village, il fallait parcourir des longues distances pour s'approvisionner en eau, surtout en saison sèche. Tout sentait bon.

- *Est-ce que c'est vrai ce que je vis là ?*

Elle se toucha le visage pour voir si ce n'était pas un rêve. Elle jeta un coup d'œil par la fenêtre et aperçut des *migholè* débout. Elle se sentit mal et se laissa affaler sur le lit. Elle tremblait de tout son corps.

Cette image des gens qui venaient voir son père et qui repartaient ivres et heureux, elle la vivait tout le temps.

- *Parmi ces gens, il y avait des migholè. Mais à quoi bon ?*

Une fois rhabillée, elle aperçut un autre miroir.

- *Un miroir qui montre des images ! Les Blancs sont forts. Au village, mes parents m'interdisaient toujours d'aller chez les gens pour regarder ce miroir.*

Au village, il y avait des téléviseurs chez les « riches ». Les enfants de son oncle la sortirent de ses pensées. Le plus jeune engagea la conversation.

- *Tu t'appelles comment ? Moi, je m'appelle Petit.*

- *Moi, c'est Boukondé.*

- *Tu vas habiter pendant longtemps chez nous ?*

- *Ne l'embête pas, tu es qui toi pour lui poser des questions aussi stupides ?* répondit l'aînée.

Ce dernier alla rejoindre ses amis dehors.

- *Tu bois quoi ?* lui demanda-telle.

- *La limonade.*

Un parfum sortait de la cuisine qui attira son attention. La femme de son oncle cuisinait. Boukondé n'avait presque rien avalé depuis deux jours.

- *Je sais que tu as faim, grand-mère, j'arrive. Il faut que tu boives quelque chose pour commencer.*

Elle but avec délice la boisson qu'on lui tendait. Elle était très fraiche. Elle fixa son regard sur le plafond. Il était richement orné. Un objet soutenant plusieurs lampes y trônait.

Puis vint le repas composé de ragout de bœuf avec de la pomme de terre. Elle mâchait calmement et un peu honteusement, elle qui a toujours vécu avec ses parents.

- *Tu es chez toi ici, il faut manger.*

- *Merci tantine.*

Les autres enfants étaient assis autour d'elle. La plus grande touchait sa tête :

- *Mais nous avons les mêmes cheveux* ! s'exclama-t-elle.

- *C'est normal, son père est mon frère. Ma grand-mère, il faut manger.*

- *Alice ?*

- *Papa !*

- *Un verre d'eau ma fille. Demain on va se promener toute la journée. Tu vas partager la chambre avec ta petite sœur. On va s'organiser pendant l'année scolaire pour tes études.*

- *On va bien s'entendre ma petite sœur. On va faire les courses dans quelques jours. Il faut des vêtements pour ton bébé et pour toi-même. Tu faisais quelle classé ?*

- *CM2. Le maître ne venait pas tous les jours. Quand il partait en ville pour prendre son argent, il restait là-bas pendant une semaine. Il disait que notre village n'était pas bien. Il buvait parfois le vin, et venait à l'école comme ça.*

Son oncle s'était déplacé et les observait. Il marquait sa satisfaction de voir sa fille aînée et sa nièce établir le contact.

- *C'est bien. On va travailler pour que tu deviennes forte à l'école. Je verrai avec papa comment gérer le bébé. L'enfant ne sera pas une barrière pour tes études.*

- *Toi, tu fais quelle classe ?*

- Je termine mes études à l'université ?

- C'est quoi l'université ?

- C'est une très grande école. On entre là-bas après le diplôme qu'on gagne quand on finit le lycée. Moi, je serai médecin dans deux mois, voilà pourquoi je vais m'occuper de notre bébé.

- C'est un bon métier. On soigne les gens. Mais moi, je vais faire quoi ? Je peux faire quoi ?

- Tu veux faire quoi quand tu seras grande ?

- Je ne sais pas, j'ai envie de travailler dans un bureau et avoir beaucoup d'argent.

- Tu vas travailler dans un bureau, on va t'aider.

Elle l'admirait tellement elle était belle et élégante. En plus elle s'exprimait avec grâce. Elle passait les vacances au village très rarement. Boukondé retrouvait un peu de joie.

Le soleil commençait à descendre lentement à l'horizon. Les lampadaires illuminaient les rues et les bâtiments apparaissaient plus beaux que la journée. Elle lorgna par la fenêtre.

- Ici, c'est bien. Y a la lumière partout comme ça ? Au village, y a seulement des lampes tempêtes !

- On va s'asseoir dehors, lui suggéra sa grande sœur.

La cour qu'elle n'arrêtait pas d'observer était bien tenue. Des fleurs y avaient été plantées. Il y avait des bancs sous les arbres. Une balançoire y avait été dressée. Un parfum berça son odorat, elle ferma les yeux. C'était là le plaisir de la ville. Cette petite forêt lui rappelait le village.

Le lendemain, elle se rendit à l'hôpital avec sa grande-sœur. Elles passaient d'un taxi à un autre, elle suivait sa sœur comme une automate. Elles arrivèrent enfin devant un immeuble peint en marron.

- Nous sommes arrivées petite sœur. Tu es belle.

Elles entrèrent par un grand portail. Plusieurs femmes avaient pris place dans une grande salle. Certaines portaient un enfant sur les cuisses et d'autres étaient en grossesse. L'ambiance était au bavardage.

- *Bonjour doc, que nous vaut ta visite ?*

- *Je vous amène une personne dont nous devons nous occuper spécialement. Elle n'a pas encore commencé les visites.*

- *Comment ça se fait ?*

- *C'est ma nièce. Il faut la ménager.*

- *Alors mon bébé comment va ?* demanda le médecin.

Il était grand de taille et portait des lunettes. Une odeur de médicaments leur parvenait d'une salle. Elle était frappée par la propreté et les appareils. Il y avait un lit sophistiqué dans une pièce dont la porte était entrouverte. Ce lit l'attira.

- *Viens.*

Elle sortit de ses pensées.

- *Installe-toi ici sur ce lit. Mais il te faut d'abord enlever ta robe et tes chaussures.*

Elle hésitait et sa grande sœur qui lisait se retourna :

- *N'aies pas honte ma grand-mère, c'est juste pour voir la position de l'enfant.*

Elle ôta sa robe. Elle s'installa sur le lit les yeux fermés.

- *Quelle grand-mère !*

Le médecin prit son pouls, contrôla l'état de santé du fœtus. Elle gardait toujours les yeux fermés.

- *Tout va très bien. C'est une grossesse de sept mois. Le pouls est correct. Il me faut maintenant prendre la tension.*

Il attacha un objet à l'avant-bras de la petite.

- *Tension correcte. Ouvre la bouche et dit ah. Tout est ok. Doc, ta petite sœur se porte bien. Elle doit éviter la consommation du sel et de sucrerie. Les huiles grasses doivent également faire partie des aliments à interdire. Toi-même tu connais la chanson.*

- Compris, je veillerai à ce que tout se passe bien. Passe-moi les clés de ta voiture, je vais faire des courses avec elle.

- Pas de problème, ma belle. Tu peux la garder pour l'instant. Je vais prendre celle de l'hôpital que j'utilise rarement.

- Merci.

- On revient quand ?

- Quelle question, tu sais quand tu dois revenir.

- Ok mon cher.

Elle prit les clés et observa sa petite sœur.

- Tu ne dis pas merci au docteur ma grand-mère ?

- Merci, docteur dit-elle timidement.

- Prends quelques comprimés dans cette boîte et des sirops pour stabiliser le taux de sucre et du sel.

Elle se servit et sortit de la salle. Elle était gracieuse au volant.

- On va d'abord faire un tour de ville. J'espère que tu n'es pas très fatiguée ?

- Non, je suis contente d'être ici. C'est quoi la maison là-bas ?

- Le président travaille dans cette maison, on appelle ça présidence de la République.

- J'attends souvent ça à la radio. Et les lampes qui ont trois couleurs ?

- Ce sont les feux de signalisation. Tu vois les voitures qui viennent de ce côté s'arrêtent pour laisser passer celles qui viennent d'ici. Comme ça, il n'y a pas d'accidents.

Elle observait les rues, les immeubles et les poubelles. Elles se retrouvèrent face une grande étendue d'eau.

- C'est grand cette rivière !

- C'est la mer. Tu peux aller par-là, jusque dans les autres pays.

- Y a les bateaux au loin.

- Ce sont les bateaux qui transportent tout : la nourriture, les habits, les voitures, tout ça.

- Même les hommes ?

- Oui. Il y a des gens qui préfèrent voyager en bateau.

- Moi, je ne peux pas voyager dans l'eau.

- Tu le feras quand tu vas travailler. Au loin là-bas, tu vois cette île, il y a des hôtels.

- C'est quoi l'hôtel ?

- C'est une maison où il y a des chambres, une cuisine et des places pour manger. Mais pas cadeau, il faut payer si on veut dormir, si on veut manger, et même pour se laver.

- On peut aller manger dans un hôtel ?

- Tu as raison, j'ai faim. Tu veux manger quoi ?

- Le poisson fumé comme au village.

- Pas de souci ma grand-mère. Je t'amène dans le quartier où le poisson fumé est préparé.

Quelques minutes plus tard, elles s'arrêtèrent devant un grand bâtiment dans lequel plusieurs personnes s'étaient installées. Une odeur de nourriture sortait y sortait.

- *J'ai un peu honte*, fit-elle remarquer.

- Tu vas t'y habituer petite sœur ! Tu veux travailler dans un bureau, et les invitations seront nombreuses, alors tu dois commencer à apprendre !

- Tu parles le gros français que je ne comprends pas. Comment faire pour comprendre ce que tu dis, tu parles trop bien ?

Elle le teint par l'épaule et l'entraina dans la salle. Elle fit un geste à un serveur qui s'approcha.

- Bonjour cher ami.

- Bonjour madame.

- On veut une table située loin des fumeurs.

- Pas de problème madame, s'il vous plait veuillez me suivre.

Elles s'installèrent dans un coin plutôt tranquille.

- Là tu es bien non ?

- Oui.

- Une femme enceinte doit éviter les fumés des cigarettes. Ce n'est pas bon pour le bébé.

- La nourriture d'ici sent bonne.

Le serveur se tenait debout à côté de la table, les bras entrecroisés derrière. Il les observait avec une attention particulière.

- Servez-nous deux salades, pas trop gras et pas trop salés. A la jeune fille mange du poisson fumé à l'odika et à moi des frites et un steak cuit à point.

- Le poisson fumé sera accompagné de quoi s'il vous plaît ?

- Tu manges avec quoi ?

- La banane mûre, répondit-elle.

- De la banane mûre, s'il vous plaît.

- Et comme boisson, qu'est-ce qu'on vous sert ?

- De la limonade pour moi et pour elle un jus de mangue.

Il notait tout dans un petit papier.

Boukondé leva la tête pour admirer le plafond, puis elle jeta un coup d'œil aux murs. Il y avait des lampes, des affiches très colorées. Elle fixa son regard sur une photographie qui représentait une maison fleurie.

- Tu auras une maison comme ça quand je serai grande.

- Je sais. Mais pour le moment, goûte au jus de mangue.

Elle savoura le contenu du verre, non sans étouffer.

- C'est très froid.

- *C'est bien pour le bébé le jus de mangue. Il y a beaucoup de vitamines qui vont permettre à l'enfant d'évoluer.*

- *Je ne comprends pas toujours ton français.*

Quelques minutes après, les repas furent servis et enfin le dessert. Boukondé avait apprécié le repas. Elles s'installèrent dans le véhicule.

- *On va se reposer quelques minutes au bord de la mer, après on va faire des courses.*

Elle observait les vagues qui venaient et allaient. Leur bruissement interminable finit par la bercer. Elle s'en dormit sous le regard attentionné de sa grande sœur.

Quand elle se réveilla une heure après, elles étaient stationnées en face du magasin.

- *Tu as bien dormi. On va visiter le magasin et commencer les achats.*

Elles se dirigèrent vers le rayon de layette. Elle prit quelques vêtements en demandant à chaque fois l'avis de sa petite sœur qui acquiesçait à chaque fois. En réalité, elle ne savait quoi dire.

- *Je préfère te laisser choisir.*

- *Bien, je vais le faire pour mon enfant. Demain, on ira faire l'échographie.*

- *C'est quoi ? Ton français est trop difficile.*

- *C'est pour voir si ton enfant est un garçon ou une fille. Y a des choses qu'on doit acheter par rapport à ça.*

- *Je comprends. Les Blancs sont forts. Donc on peut connaître si l'enfant va être une fille ou un garçon ? Au village, on ne peut pas !*

- *C'est comme un appareil photo que le docteur va poser sur ton ventre et on verra l'enfant.*

Elle eut peur et s'attrista. Sa sœur s'en rendit compte.

- N'aie pas peur, ça ne fait pas mal. On ne fait pas mal à sa petite sœur et à sa grand-mère.

- Tu avais vu notre grand-mère ?

- Oui, elle nous faisait rire. Bon allons visiter le magasin. Aujourd'hui, on va d'abord acheter seulement ça. Demain, après l'échographie, on va compléter.

- Les choses sont bien. Ici, c'est pour les bébés ; là-bas, c'est pour les enfants, ici pour les femmes et juste à côté les hommes.

- Ici c'est le vin ?

- Oui. Maintenant la nourriture, c'est ici. A côté tu as les choses pour le café. Je vais te prendre quelques sucreries. Mais tu ne pourras manger que dehors.

Elle prit des chocolats, des pains sucrés.

- Mais le docteur a dit que ....

- Je sais, mais tu ne vas pas en manger tous les jours, il te faut quand même goûter aux choses des Blancs.

- Dans le fonds du magasin, on vend de la viande, de la volaille et du poisson. On va quand même voir.

Il y avait là de la viande de bœuf sous ses différentes présentations, du poulet sous toutes ses formes et du poisson. Elle admira avec intérêt les crustacées.

- Ça coûte cher ?

- Oui, mais pas trop. Tu sais ici la nourriture est propre. On repart à la maison.

Tout semblait tellement facile. La caissière lui sourit, elle baissa ses yeux. Elle était belle et bien coiffée. Boukondé y jeta un coup d'œil. Les billets étaient rangés en fonction de leur valeur. Elle n'avait jamais vu autant d'argent.

- Merci et bonne journée.

- Merci. Une question s'il vous plaît : y aura-t-il des promotions sur les layettes ?

- Oui, dans deux jours.

- Merci madame.

Boukondé commença à déguster les sucreries. Elle était heureuse et radieuse. Sa sœur conduisait avec assurance. Des personnes lui disaient bonjour et chaque fois, elle répondait en souriant.

- Si seulement papa était là pour vivre tout ça. C'est tellement bien ici !

- N'y pense plus. On sera heureuse toi et moi, tu verras petite sœur. Surtout pense au bébé qui va arriver et à ton futur travail dans un bureau.

- Oui.

Le lendemain au petit matin, comme prévu, elles se rendirent à l'hôpital pour faire l'échographie. Cet hôpital était plus petit, il comprenait deux pièces : une salle de réception et une autre dans laquelle un appareillage était installé. Après s'être acquitté des frais, Boukondé fut conduite dans une salle à côté.

- *Enlève ta robe, et allonge-toi sur le lit-là*, lui indiqua le médecin.

Elle s'exécuta. Sa grande sœur la tenait par la main droite pour la rassurer.

- Je t'ai expliqué hier que ça ne fait pas mal. On va te frotter un produit sur le ventre et faire passer un appareil dessus. On verra le bébé comme à la télévision.

Après voir frotté le produit, il passa l'appareil et sur l'écran, elle put voir son enfant.

- *Tu vois ton enfant. C'est un petit garçon ma fille,* lui annonça le médecin. *Doc, l'enfant se porte bien. Elle accouche dans quatre vingt dix jours à peu près.*

- Vous allez m'aider à faire en sorte que tout aille pour le mieux, elle est tellement jeune. Vous comprenez ce que je veux dire ?

- Oui. A votre service madame !

- C'est ma petite sœur. Elle doit sortir de ce pétrin. Je souhaite la scolariser l'année prochaine.

- J'ai compris ma chérie. Elle est jolie la petite.

Elle l'embrassa fortement.

- La grand-mère, je te présente ton mari, c'est lui qui va nous épouser.

- Pourquoi tu as payé alors si c'est ton mari ?

- Parce que l'hôpital n'est pas à lui. Je vais t'emmener où je travaille plus tard. Tu sais que l'enfant est un petit garçon.

- Au village, quand c'est pour un ami, ou pour parent, on ne paye pas !

- Oui ici on fait comme ça parce qu'il y a le courant à payer, l'eau aussi, les gens qui travaillent ici ne travaillent pas cadeau. Quand les appareils tombent en panne, il faut réparer et on paye aussi.

Les journées se passaient avec monotonie. De temps en temps, une ballade, un tour à l'hôpital. Elle avait fini par s'intégrer et se comportait comme les autres enfants. Tous ses faits et gestes étaient surveillés par sa grande sœur et la femme de son oncle qui évitait de la choquer.

Elle se sentait de plus en plus fatiguée. On lui interdisait les travaux difficiles. Son petit frère, le plus jeune l'agaçait de temps en temps. On lui avait expliqué ce qu'était une grand-mère et il en profitait à longueur de journées. Il l'égayait.

Chapitre 3

Ce jour-là, elle n'avait pas bien dormi. Elle se sentait mal. Elle avait mal au ventre. Elle avait gardé le silence. Cela n'avait pas échappé à sa tante. Sa démarche était moins alerte.

- *Eh la grand-mère, tu es malade ?* lui demanda-t-elle

- *Je vais bien.*

Elle était nerveuse. Depuis trois mois qu'elle partageait ses journées avec son oncle et sa famille, elle n'avait pas présenté une mine aussi renfrognée. Elles avaient compris que le jour s'approchait.

- *Ne fais pas de mouvement brusque à partir d'aujourd'hui.*

Elle ne répondit pas. Sa tante se mit à sourire. Elle appela sa fille aînée. Les contractions lui faisaient souffrir.

- *Il faut surveiller ta petite sœur, je crois que c'est pour bientôt.*

- *Je sais maman, nous sommes à quelques jours comme prévu par les médecins. Tout a été acheté.*

- *Je suis dans la chambre, je suis un peu épuisée* lança-t-elle.

Elle se leva et se dirigea vers la chambre. Sa mine était triste. Elles l'observaient avec intérêt.

- *La grand-mère on t'emmène un peu de lait ou quelque chose à manger ?* demanda son petit frère.

Elle fit un geste avec sa tête qui signifiait non. Elle se tenait le dos. Quelques minutes après, sa grande sœur prit à côté d'elle. Sa petite sœur ne s'en n'était pas rendu compte. Elle lui passa sa main sur le visage et Boukondé se retourna. Elle l'attira vers elle et plaça sa tête sur la cuisse et la serra très fort.

- *Je suis malade depuis hier dans la nuit. J'ai mal au ventre.*

L'enfant bougeait de plus en plus.

- *Tu as eu des vertiges ?*

- *Non, mais la tête tourne un peu et ça me fatigue.*

- *Tu as perdu des eaux ?*

- *Un peu.*

- *Tu es sur le point d'accoucher, mais nous allons attendre un peu.*

Elle alla chercher des gans. Sa mère se tenait débout au salon, un peu inquiète. Elle avait pris conscience quelques minutes plutôt qu'elle représentait la mère de l'adolescente. C'est surtout cela qui commençait à la préoccuper.

- *Comment va-t-elle ?*

- *Pas d'inquiétude maman. Je vais lui faire le touché.*

Boukondé suait légèrement. Et paraissait de plus en plus frêle.

- *Viens, je vais d'abord te laver. N'aie pas peur, tout ira bien.*

Elle l'a doucha avec soin.

- *Je vais un peu bien.*

- *On ira à l'hôpital quand tu seras à trois doigts. Il faut que tu gardes ton calme comme tu l'as fait jusque-là.*

Quelques minutes après, elle refit le touché. Elle était à trois doigts.

- *Maman, c'est bon, viens la chercher.*

Sa mère se précipita et l'emmena à la voiture.

- *On appellera ton père quand on sera à l'hôpital.*

Elles s'installèrent à l'arrière de la voiture. Boukondé pleurait.

- *On part dans une clinique privée, ma petite sœur ne peut accoucher dans un hôpital crasseux.*

La maman parlait à Boukondé pour tenter de lui faire oublier les douleurs.

- *Je ne ferai plus d'enfants.*

- *Tu es sûre de ce que tu dis ma fille ? On est toutes passées par là. Fait l'effort de supporter.*

Elles arrivèrent à la clinique.

- *Bonjour doc, qu'est-ce qui se passe ?* Questionna un de ses collègues.

- *Je vous amène ma sœur, elle est sur le point d'accoucher.*

- *Si tu le dis, c'est que c'est vrai. Un homme se précipita et la porta jusqu'à la civière.*

Elle fut prise en charge par deux infirmières qui l'installèrent dans le lit d'accouchement.

Quelques instants après, elle tenait son enfant dans ses bras, son petit garçon. Sa grande sœur à qui on avait demandé de sortir entra et sourit à sa petite sœur.

- *Comme je te l'avais dit, ça ne devait pas être difficile. Oh mon cher neveu.*

- *On va l'appeler Dioto. C'est un beau prénom* lança une infirmière.

- *On verra dans trois jours. Le temps de lui faire la toilette à ce jeune homme. Qu'est-ce qu'il est costaud.*

L'enfant pesait trois kilogrammes. Il était plutôt fort pour son âge. Le cordon ombilical fut sectionné. Après le bain, on le plaça sur le ventre de sa mère qui se mit pleurer de joie et de peine. Elle était heureuse que tout se soit passé sans incident. Elle pleurait de joie.

- *Il se porte bien murmura-t-elle* tout doucement.

Elle remit l'enfant à sa tante.

- *Il faut placer une perfusion rapidement.*

- *Ne bouge pas trop sinon ça ne va pas tenir.*

- *Pourquoi ce médicament ?*

- C'est pour faire en sorte que tu ne sentes pas le mal de ventre. Ce médicament va te permettre aussi de ne pas avoir d'autres maladies.

Quelques heures après, son oncle arriva.

- Papa !

- Oui ma grand-mère. Surtout pas d'effort. Je suis content que les choses se soient déroulées sans problème.

- Moi aussi.

Boukondé s'en dormit. Et l'enfant aussi. A son réveil, sa tante était toujours-là à ses côté.

- Bientôt ça va finir. Les infirmiers sont à côté pour te surveiller. Tu as de la chance, toutes les personnes qui travaillent ici connaissent ta sœur. Elles ont appris ensemble à l'université.

- On part à la maison quand ?

- Peut être demain. Ils vont d'abord examiner le bébé.

- Examiner l'enfant ?

- C'est pour vérifier si l'enfant se porte bien. Ton enfant se porte bien, ils m'ont dit ça.

Deux jours après, elle était heureuse de sortir de cet endroit, même si elle bénéficiait d'un traitement de princesse.

A la maison, on lui avait aménagé une chambre. La peinture avait été refaite, les sanitaires aussi. Le lit était large et un coin était réservé au bébé.

Ce qui lui plaisait le plus, c'était le parfum du bébé. Elle s'allongeait, chaque fois, à côté de lui et lui chantait les choses du village comme sa mère les lui avait apprises.

L'enfant ne pouvait encore être exposé au salon. Il fallait le protéger de « l'air du dehors » qui apporte parfois les maladies.

- Mon garçon, je suis ton grand-père, il ne faut pas embêter ma fille, elle est aussi un enfant. Vous êtes tous des enfants. Si tu le fais, tu seras mangé par moi.

Par ces paroles, selon les croyances, l'esprit de l'enfant prend peur et fait l'effort de ne pas tomber malade. Boukondé le savait.

A son insu, l'acte de naissance de l'enfant avait été établi. Ce n'était pas une décision facile à prendre.

- *Qu'est-ce qu'on fait pour l'acte de naissance de l'enfant ?* avait demandé son oncle à sa femme devant leur fille aînée.

- Il faut t'en occuper. On va faire encore comment ? Ce n'est pas sûr qu'elle connaisse le père.

- C'est quand même compliqué, mon frère manquait de sérieux …

- Papa, ce n'est pas le moment. Cet enfant est de notre famille, ma petite sœur doit réussir sur le plan scolaire comme nous, il lui faut retourner à l'école.

- Je sais, mais …

- Non papa. Cela ne coûte rien de le faire, sinon, je vais m'adresser à mon fiancée. En tant que fille aînée de cette famille, je vais prendre mes responsabilités.

Son père était en réalité très heureux de voir sa fille défendre les intérêts de la famille. Elle s'était un peu emportée. Ses colères étaient insoutenables, son père le savait parfaitement.

- En plus c'est ta grand-mère et cet enfant est un peu le tien !

- J'ai compris. Vous m'avez convaincu. Je vais à la mairie demain. Mais quel prénom vous avez choisi pour ce jeune homme ?

- Dioto.

Ils se mirent à rire. Cette conversation s'était tenue hors de la maison pour ne pas choquer Boukondé.

Le plus jeune de la maison posait parfois des questions sur l'enfant, sur la nouvelle forme de son « gros ventre ».

- *Où est parti le gros ventre de tantine*? demandait-il naïvement.

- *C'est lui qui était dans le ventre.*

- *Un gros bébé comme ça. Je vais lui donner les bonbons. C'est mon ami. N'est-ce pas grand-mère.*

- *Oui petit-fils* répondait-elle interminablement.

La rentrée scolaire se pointait à l'horizon et la question de sa scolarisation était à l'ordre du jour. Fallait-il l'inscrire dans un centre de formation professionnelle ou dans un collège ? Son point de vue parut important à sa grande-sœur.

- *Tu tiens toujours à travailler dans un bureau ?*

- *Oui. Mais l'enfant m'embête beaucoup. Qui va le garder quand je serai à l'école ? Tout le monde sera au travail ou à l'école.*

- *Ne t'en fais pas pour ça. Je t'avais dit que tu vas repartir reprendre tes études. Dès le mois d'octobre, tu seras à l'école comme tous les enfants qui habitent cette maison.*

- *Si vous n'étiez pas là, qu'est-ce que j'allais devenir ?*

- *Nous sommes une famille. Ce jeune homme sera beau et fort. Je suis sûre qu'il sera ingénieur ou médecin.*

- *C'est quoi ingénieur ?*

- *Ce sont les gens qui dessinent les plans des maisons, qui construisent les ponts. Ces métiers rapportent beaucoup d'argent. Il te gâtera quand il va travailler.*

- *Non, il va s'occuper de ses enfants et de sa femme !*

- *Tu parles comme une vieille femme. On va t'inscrire au lycée technique des filles. Tu feras secrétariat. Mais le diplôme, c'est dans quatre ans, ma petite. Tu auras 17 ans et après tu feras une formation complémentaire de 3 ans dans un grand établissement, puis dans un autre qui est géré par l'université.*

- Moi, à l'université ?

- Oui à l'université, tu seras à l'université comme moi, une fois le diplôme en poche, on va te trouver du travail.

- Mais combien d'années à l'université ?

- Trois ans, donc tu as encore six ans sur le banc de l'école. Ce n'est pas long, tu verras toi-même.

- Je vais être première de ma classe tout le temps. Je vais battre tout le monde. Tu comprends mon fils, ta mère sera une grande femme.

Sa tante et les autres membres de la famille étaient très heureux d'avoir ce petit homme dans la maison.

- Mon petit mari, je vais te boxer, tu as trop de copines dans cette ville. Tu vas boxer cet homme qui m'embête tous les jours.

Elle s'adressait ainsi à son mari avec qui elle se disputait à cause de ses entrées tardives. Il avait beau expliqué que c'était pour des raisons professionnelles. Et pourtant, elle travaillait aussi, et connaissait les contraintes professionnelles.

Cela gênait Boukondé qui pensait que cette ambiance morose résultait de sa présence. Pour l'exprimer, elle s'enfermait pendant plusieurs heures dans la chambre. Pour s'occuper, elle lisait tout ce qui lui tombait entre les mains.

- Que fais-tu dans la chambre ? Il ne faut pas t'enfermer comme ça ?

- Je fais de la lecture. On a des devoirs tous les jours. Les professeurs nous donnent des travaux tous les jours, ça me fatigue beaucoup !

- C'est pour ton avenir. Je sais que tu es embêtée par mon comportement. Mais tu sais le mariage, c'est compliqué, tu le comprendras quand tu seras grande. Les hommes mentent tous

les jours. Ton oncle rentre parfois tard ! Allons au salon, on va boire quelque chose.

- Mais maman, il faut parfois aller là où il travaille pour vérifier ce qu'il dit.

- Je sais ma fille, mais, je suis tellement fatiguée après le travail.

- Maman au village se disputait avec ton beau-frère quand il regardait une autre femme. Je me moquais d'eux tout le temps. Mais ce qui me faisait mal, c'est quand ils se battaient. Aucune personne du village ne pouvait les séparer.

Pour la première fois, la femme de son oncle entendait ce qui se cachait réellement au fond de la petite fille. Ellc comprenait mieux le traumatisme qu'avait subi la nièce de son mari. Elle la prit dans ses bras et la serra très fort.

- Rassure-toi, ici ne tu ne vivras jamais ça.

- Maman, tu as raison, mais on va grandir, on doit apprendre à gérer ce genre de situation.

- Je te conseille de pas de te marier un jour, sinon, tu vas souffrir comme nous femmes du temps passé !

- Maman, tu es encore jeune, tu ne peux parler comme ça ! Vivre seul c'est aussi difficile. Quand papa était malade, c'est maman qui le soignait.

- Tu parles comme une grande femme. Tu nous caches beaucoup de choses. Allons partager la boisson que j'ai achetée spécialement pour nous deux.

Chapitre 4

Elle était radieuse dans son uniforme. Elle était inscrite dans un grand établissement. Sa sœur qui l'accompagnait la présentait chaque fois aux enseignants qu'elle connaissait.

- *Ma petite sœur voici ta salle classe.*

- *Mais je ne vois que des filles, où sont les garçons ?*

- *Tu me cherches un grand-père ou quoi ! Non, ils sont l'autre côté de la barrière. Vous n'avez pas les mêmes métiers. Ici, ce sont les métiers des femmes. Les professeurs vont vous expliquer.*

- *Le professeur, c'est qui ?*

- *Ma pauvre grand-mère ! Ce sont les enseignants du lycée. Je te laisse. A midi, un taxi viendra te chercher.*

- *Merci Yaya.*

C'était la première fois qu'elle l'appelait ainsi. Les salles de classes étaient différentes de celle de l'école du village. Vingt tables étaient disposées en deux rangées. Chaque table était occupée par deux élèves.

Elle était très intimidée par les autres filles. Certaines filles se connaissaient. Elle se tenait chaque fois toute seule dans un coin de la cours de l'école. Le premier professeur, se présenta et leur communiqua l'emploi du temps.

Fasciné par le sérieux de Boukondé, L'enseignant s'approcha.

- *Comment t'appelles-tu ?*

Les autres élèves se retournèrent. Elle se leva.

- *Boukondé Maguy Monsieur.*

- *Très bien. Et tu viens de quelle école ?*

- *L'école de Niati.*

- Très bien. Que chacun de vous me mette sur un papier les informations suivantes : nom, prénom, école d'origine, lieu d'habitation, noms et prénoms de vos père et mère ou des gens qui vous gardent. Écrivez aussi votre année de naissance.

Elle nota ses informations et remit le papier au professeur.

- Bon, les ''amilles'', nous ne sommes plus à l'école primaire ici, nous sommes au lycée. Et au lycée, on est des grands. Ici, on n'écrit pas la leçon au tableau, on dicte. Ici, on fait les devoirs et les interrogations. Chaque fin de trimestre, vous aurez des compositions comme à l'école primaire. Voilà comment on calcule la moyenne ici : on fait des devoirs tout le long du trimestre. On calcule la moyenne des devoirs en faisant le total des notes que l'on divise par le nombre de devoirs. Cette moyenne est ajoutée à la note de la composition et on divise par deux. Si vous travaillez bien on vous donne 10 000 francs. C'est ce qu'on appelle la bourse. Ne décevez pas vos parents. Ils vous ont envoyées ici pour apprendre. Si vous vous comportez en filles sages, ils seront heureux, si vous vous conduisez mal, ils seront très déçus.

Il passait entre les tables-bancs.

- Dans votre emploi du temps, vous remarquez que vous avez dix matières. Vous devez toutes les étudier. Chaque matière a un coefficient.

Les cours démarrèrent timidement. Elle travaillait beaucoup. Sa grande sœur était chaque fois informée de son évolution. Elle manifestait sa satisfaction en lui gratifiant de cadeaux.

Au premier trimestre, elle avait obtenu une moyenne de qui la classait première de sa classe au grand plaisir de ses parents.

La deuxième année, elle éprouvait quelques difficultés. Elle avait des soucis avec son enfant. Il avait déjà un an et elle 14 ans. Elle avait aussi retrouvé son statut d'adolescente. Elle se comportait de plus en plus comme une fille de son âge. Mais la présence de son enfant lui rappelait ses responsabilités.

Les années étaient passées. Elle était maintenant en classe de quatrième année. Elle préparait son diplôme dans les conditions optimales. Sa grande sœur ne s'inquiétait guère. Depuis trois ans, elle était la meilleure de sa classe. De plus, chaque bourse perçue était distribuée à toute la famille. Le reste revenait à son fils.

Elle avait gagné en maturité. Elle discutait maintenant librement. Elle avait été orientée en section comptabilité/gestion. Le secrétariat ne l'attirait plus. Sa grande sœur la chahutait d'ailleurs.

- *On ne gagne pas beaucoup d'argent avec le secrétariat. Moi je veux gagner beaucoup d'argent pour t'acheter une voiture.*

- *Je sais que tu vas réaliser tes rêves.*

En fin d'année, elle décrocha son diplôme avec mention. Sa position de majeure la destinait à une inscription en première année de BTS en gestion. Le proviseur était fier de cette enfant venue du village, comme le disaient ses collègues. Deux ans plus tard, elle décrochait son diplôme. Tout se déroulait comme elle l'avait prévu.

- *Elle ira en année préparatoire à l'Ecole supérieure de comptabilité. Je suis sûr qu'elle ira loin.*

L'Ecole supérieure de gestion était située à l'autre bout de la ville. Rien ne la fascinait plus comme au début. Le discours des enseignants, l'attitude des dirigeants de l'établissement. Dès le premier jour des cours, le directeur la fit venir dans son bureau.

- *J'espère que tu feras une scolarité sans faute comme au collège.*

- *Oui Monsieur le directeur, je vais continuer à travailler comme d'habitude. Je suis assez bien encadrée par mes parents et j'ai une bibliothèque qui me permet de travailler avec assiduité.*

- Nous avons eu tes échos, et je puis t'assurer que nous sommes tous fiers de toi. Nous avons une grande bibliothèque et une salle informatique ici. Une gestionnaire de ta trempe doit maîtriser l'outil informatique.

Elle survola l'année préparatoire. Certains enseignants proposèrent même qu'elle s'inscrive en première année. Le directeur s'y opposa pour respecter les principes de l'établissement.

Elle passait des journées entières dans les bibliothèques. Là, elle posait des questions à ceux qui étaient en première année de gestion. Elle en posait de temps en temps aux étudiants inscrits en commerce international. Tous les étudiants connaissaient cette jeune fille frêle et studieuse qui s'intéressait à tout.

Elle travaillait avec ses condisciples chaque fois que l'occasion se présentait. L'un d'eux l'attirait particulièrement. C'est pourquoi ils passaient beaucoup de temps ensemble et s'échangeaient des mots gentils.

Elle commençait à se poser des questions sur la paternité de son enfant. Lorsqu'elle avait apprit que son oncle avait reconnu son enfant, elle ressentit un pincement au cœur.

Heureusement que les souvenirs étaient très loin derrière. Elle entrevoyait son avenir avec assurance. Elle avait adhéré au club de théâtre, sur les conseils de sa sœur. Cela l'avait aidé à évacuer le stress qui la maintenait parfois loin de ses amis.

Elle jouait bien les rôles qui lui étaient confiés. Elle s'était imposé une ligne de conduite : donner le maximum d'elle-même dans tout ce qu'elle entreprenait.

Elle avait remporté plusieurs prix pendant les journées des arts dramatiques de l'école. Elle excellait dans le rôle de la comptable spoliée ou dans tout autre rôle d'une gestionnaire méticuleuse.

Elle passait beaucoup de temps dans la chambre avec la photographie de son ami. Mais lorsqu'elle observait son fils, elle s'attristait.

- Comment va-t-il réagir quand je lui dirai que j'ai un enfant dont je ne connais pas le père ? Je lui raconterai mon histoire le moment venu, même si j'ai peur de le perdre.

Un jour, le jeune homme, en fouillant dans son sac à la recherche d'un stylo sorti la photographie d'un enfant. En l'observant, il trouva un air de famille avec sa copine.

- On ne fouille pas dans les affaires des femmes, jeune homme.

- Excuse-moi, je cherche un stylo et je suis tombé sur cette photographie. Il te ressemble un peu. Mon dieu qu'est-ce qu'il est beau !

- C'est mon petit frère !

- Tu m'as toujours dit que tu es fille unique !

- Tu sais que nous sommes en Afrique. C'est le fils de mon oncle, celui qui m'a élevée.

- Je comprends. Ça ne change rien. Il te ressemble et c'est vraiment ton petit frère !

Cette conversion l'avait un peu mise chaos. Elle l'attendait depuis un certain temps.

- J'ai l'impression que tu as des choses à me dire jeune fille. On doit aller en bibliothèque, il y a des ouvrages que tu dois recenser pour tes cours de l'année prochaine. Je vais te laisser parce que j'ai un entretien de stage dans deux heures.

Elle le dévisagea. Il comprit qu'il fallait la rassurer.

- Ne fais pas cette tête jeune fille, tu es la seule que j'aime. Nous avons des projets communs ne l'oublie pas. Tu dois terminer tes études dans deux ans.

Cette conversation avait marqué un tournant dans leur relation. Il lui fallait régler ce problème. Le jeune homme ne s'arrêtait pas en mi-chemin. Cette conversation devait reprendre quelques jours après, elle le savait. Elle prit alors un stylo et une feuille pour lui adresser un mot.

Cher Jean,

Ce que j'ai à te dire est très important pour moi. En dehors des membres de ma famille, tu seras le seul à en être informé. Je suis la mère d'un enfant de six ans. Je l'ai fait à l'âge de treize ans dans les conditions difficiles. J'ignore exactement qui est son père.

Son père serait un policier. J'avais cédé à cet homme sans trop réfléchir. Je ne l'avais pas dit à mes parents. Au village on ne se préoccupe guère de ce genre de détails.

Quelques temps après, j'avais perdu mes parents au cours d'une descente des policiers au village. Jusqu'à présent, on n'a jamais compris pourquoi. Après cet assassinat, c'est le frère de mon père qui s'occupe de moi.

La chose qui m'attriste, c'est le fait que j'ignore le père de mon enfant ! Que lui dirai-je quand il sera grand ? J'ai peur de te perdre. Je voulais te le dire de vive voix, mais c'est tellement lourd à gérer.

Je ne voudrais pas être trop longue, je tenais à te faire savoir. Evidemment si cette histoire te décourage, je comprendrai.

Je t'aime et t'embrasse.

Sa grande sœur lui posait, de temps en temps, des questions sur ses absences. Sans insister. Elle répondait qu'elle était en train de préparer des examens. Mais un jour Boukondé décida de lui parler de ses rêves, de son avenir amoureux.

- Eh bien ma petite tu me surprends. On se refusait à te poser des questions sur l'enfant et son père. Et puisque tu en parles, je veux savoir davantage.

- Pour le père de ton neveu, c'est un policier qui venait à la maison chez ton oncle, tu comprends ce que je veux dire ?

- Oui je comprends.

- Je l'ai aperçu plusieurs fois en ville, mais je ne peux discuter avec lui tant ma douleur est encore vivace. C'est vrai que

l'enfant a grandi et que j'ai l'obligation, au moment venu, de lui parler ; mais à quoi bon.

- Tu dois t'armer de beaucoup de courage et de patience pour surmonter tout ça.

- Je sais. A quoi cela servirait-il d'en parler ? Il me suffira de lui dire que son père est mort. Il est vrai que lorsqu'il fera un simple calcul, il se rendra compte que je l'ai eu à treize ans.

- Jeune fille, il y a des choses qui doivent nous arriver pour que d'autres se produisent. C'est cela la vie aussi. Mon oncle est mort dans des conditions difficiles et son petit frère t'a récupérée. Tout ce que tu as vécu depuis là est la conséquence de ces événements douloureux.

- Tu es vraiment ma grande sœur. Et j'ai un autre souci !

- Lequel jeune fille ? Dis à ta grande sœur.

- Je m'attends avec un étudiant inscrit en master professionnel de gestion. Il soutient son mémoire dans quelques mois, deux mois précisément. Le temps pour lui de terminer son stage, mais ton fils-là me gêne un peu.

- Pourquoi ?

- Figure-toi que mon copain en fouillant dans mes affaires a vu la photo de ce vilain garçon.

- Et alors ?

- Et beuh, je lui ai dit que c'était mon petit-frère. J'ai un peu honte. Je suis sûre qu'il a compris que c'était faux. Comment alors faire pour lui dire la vérité ?

- Attends un peu, et dis-le-lui en face. S'il tient à toi, il acceptera, sinon, tu le balances !

- Yaya ?

- Tu es jeune et pleine d'avenir. De toutes les façons, ne t'encombres pas avec des problèmes inutiles. Tu as tes études à terminer.

- Mais ?

- Non. Je suis ta grande sœur et j'ai toujours voulu du bien de toi. On en reparlera dans trois ans. Termine d'abord ton cycle de BTS, après on verra.

- J'ai compris Yaya. Mais je peux continuer à le voir non ?

- Bien sûr, mais à deux conditions, non trois : un je dois le voir, deux pas de grossesse et enfin trois il ne doit pas perturber tes études.

- Merci Yaya, tu es vraiment ma grande sœur !

- Qu'est-ce tu crois, je le suis et l'aînée de tout le monde. A partir d'un certain âge, on a besoin d'avoir un ami, mais pas à n'importe quel prix.

- Mais j'ai fait une autre bêtise !

- Laquelle ?

- Je lui ai dit toute la vérité par écrit.

- Dans ce cas attend sa réaction. Autre chose ?

- Oui je passerai au commissariat.

- Je vois, si tu as besoin de moi, appelle.

Cette conversation lui avait fait du bien. Elle vivait ses émotions plus librement.

Un jour, en passant devant le commissariat, elle s'arrêta net quelques minutes.

- Bonjour Madame, que désirez-vous ? lui avait lancé un policier.

- Bonjour monsieur l'agent. Je voudrais rencontrer un policier.

- Comment s'appelle-t-il ?

Son cœur se mit à battre.

- Son nom s'il vous plaît.

- Mamba Jean, je crois.

Ce nom lui revenait enfin. C'est ainsi que son père l'appelait. Ils étaient très amis.

- *Allez-y dans le bureau situé à gauche de ce bâtiment, on va vous renseigner.*

- *Et c'est à propos de quoi ?* lui demande un policier.

- *C'est personnel et je vous remercie pour votre diligence.*

Elle entra. Le cadre empestait. Des gens criaient au sous-sol du bâtiment.

- *Etait-il nécessaire de venir ici ?* se posa-t-elle la question.

Elle toqua à la porte, puis entra sans attendre. Cette salle imposait la crainte et le respect. Sur les murs des fusils étaient accrochés, des matraques aussi.

- *Bonjour monsieur l'agent.*

- *Bonjour madame. Que puis-je pour vous ?*

Le policier se tenait assis derrière son bureau et n'avait pas levé sa tête.

- *Je suis à la recherche du major Mamba Jean.*

- *Qui est-il pour vous ?*

- *Une connaissance. Il m'a demandé de passer ici.*

- *Une connaissance ? C'est vague !*

- *Il est l'ami de mon père.*

- *Ok, je vais le faire venir ici.*

Quelques minutes après Jean Maman se pointa.

- *A vos ordres mon capitaine.*

- *Repos major. Vous avez rendez-vous avec la jeune femme dame ici présente. Je vous laisse mon bureau.*

- *A vos ordres mon capitaine.*

Il prit place sur une chaise installée à côté. La jeune fille l'observait avec une haine mêlée d'un sentiment de mépris.

- Comment est-ce que j'ai pu faire un enfant avec un homme comme celui-là.

- Je vous écoute madame.

Elle avait du mal à parler. Il n'avait pas beaucoup changé ; il présentait toujours cet air inhumain. Il lui fallait lutter de toutes ses forces pour opérer sa thérapie.

- Vous ne pouvez pas me reconnaître ?

- On s'est déjà vu quelque part ?

- Je pense que oui. Je suis la fille dont le père avait été tué au village Niati par des inconnus il y a quelques années.

- Je ne vois pas trop.

Une boule se coinça dans sa gorge. Elle leva la tête et fixa le fixa droit dans les yeux.

- Le village Niati ne vous dit pas grand-chose ?

Son téléphone sonna. C'était sa grande sœur. Sa voix lui donnait chaque fois le courage de continuer, d'avancer dans ses initiatives.

- Excusez-moi, c'est ma grande sœur. Allo Yaya, je suis au commissariat entrain de régler le fameux problème. Figure-toi qu'il est en face de moi !

- Je l'ai compris ma petite. Mais il fallait m'appeler, cet imbécile allait voir mes grosses fesses !

- Oh Yaya, ne soit aussi vulgaire ! Nous sommes des personnes instruites. Je t'informe que je passe en deuxième année d'université. On fait la fête ce soir.

- Très bien. Parle-lui comme une femme, mais ne perd pas ton temps.

- Je sais Yaya. A tout à l'heure.

Elle raccrocha son téléphone. Le policier avait changé de mine. Il s'était affalé et transpirait légèrement.

- Je disais : le village Niati vous dit-il quelque chose ?

- Je ne vois pas de quoi vous parlez. Et puis c'est quoi toutes ces questions. Vous ne vous êtes même pas présentée !

- Cela ne paraît pas nécessaire. Mais je suis sûre que vous vous souvenez d'avoir abusé d'une fille de treize ans dans un village ?

- Mademoiselle, vous me faites perdre mon temps. J'ai du travail.

- Monsieur, je ne suis pas venue ici pour vous causer quelque tord que ce soit.

- Mais je ne comprends toujours pas !

Il suait de plus en plus. Son uniforme était trempé. Il avait du mal à fixer la jeune dame dans les yeux.

- Votre attitude montre tout simplement que ce village vous rappelle quelque. Je vais vous rafraichir davantage les idées.

- Je vous prie de prendre la porte mademoiselle, lui dit-il sur un ton impératif.

- Monsieur, je vous informe que la personne qui venait de me téléphoner est capable de vous causer ...

- Ok, je vous écoute.

- Bien. Je m'appelle Boukondé.

A l'écoute de ce nom, il se redressa et leva la tête. Il passa sa main devant son visage. Il fixa la fenêtre.

- Vous avez abusé de moi à deux reprises !

- Je ne suis pour rien. Je venais simplement acheter la marchandise, c'est tout !

- Donc ce sont des policiers qui avaient tué mes parents ?

A cette question, aucune réponse ne sortit de la bouche de sa bouche.

- Votre silence est la preuve que c'est vrai. C'est tellement loin aujourd'hui derrière moi. Grace à ce meurtre, je suis en train

d'avancer dans ma vie, j'ai connu des choses merveilleuses. Je venais pour vous remercier pour ce service.

- Mademoiselle ?

- S'il vous plaît, je vous prie de me laisser parler. A quoi serviraient vos paroles ? Vous avez abusé de moi et aujourd'hui, mon oncle gère un enfant.

- Un enfant ?

- S'il vous plaît!

- Mon dieu !

- Eh oui, mon dieu. Mais ton dieu est petit. Je te souhaite une bonne journée. Mais surtout ne sortez d'ici trempé comme ça, tes amis risqueraient de penser que je vous ai traumatisé. Bonne journée.

Elle sortit de la salle et salua le capitaine qui était resté planté devant la porte.

- Au revoir mademoiselle.

Elle attira le regard de l'ensemble des policiers. Elle était devenue véritablement une jeune femme. Elle savait attirer et mystifier. Le capitaine se précipita dans son bureau et trouva le major dans une posture inconfortable. Il l'observa un instant et prit place derrière son bureau. Quelques minutes passèrent.

- Que se passe-t-il mon cher ? Tu as avalé des serpents ou quoi ?

- Mon capitaine, elle est venue me rappeler l'histoire que je vous avais racontée. Il semble qu'un enfant soit né de ce viol.

- Ah bon ? Mais mon cher, c'est assez grave. Et que t'a-t-elle demandé ?

- Rien mon capitaine, rien. Mais cette histoire remonte à presque huit ans. Je venais juste d'intégrer la police. Ses parents nous autorisaient à nous intéresser à elle.

- Ah ?

- Oui mon capitaine. Elle nous tournait tout autour. Elle avait treize ans, c'est vrai, mais ses formes étaient celles d'une fille de dix-huit ans. En plus au village, quand on apportait de la marchandise à son père, il était content.

- Mon pauvre, dit plutôt que si c'était des personnes instruites, tu allais être révoqué et mis en prison, tu connais la loi. De plus, quelle idée ! Je t'offre un verre pour te remettre de tes émotions.

- Merci mon capitaine. Je souhaite voir cet enfant.

- Tu n'y pense pas. Cet enfant est né d'un viol. Que lui dirastu ? Non laisse tomber. Laisse le temps au temps. Au fait, quel est le sexe de l'enfant ?

- Je ne lui ai rien demandé.

- Comment ça ?

- Je n'y ai pas pensé.

- Ça vous apprendra à vous tenir à carreau. J'espère que tu n'as pas fait ça à plusieurs fillettes ?

- Non mon capitaine.

- Buvons à la santé de ton fils ou ta fille. Et puis tu es un soldat, en début de carrière, on commet ce genre de bévues, et ça passe. Moi, je faisais du rackette.

- C'est moins grave qu'un viol capitaine !

- Evidemment, qu'est-ce que tu crois !

- Mon capitaine, je ne vous comprends pas. Même face à une situation aussi dramatique, vous gardez votre sang-froid !

- Je suis un soldat, mon cher. Et puis qu'est-ce que tu peux changer-là. On est obligé de vivre avec nos souvenirs. Mais comme on dit « on va encore faire comment ? ». C'est cela la vie, cher ami. On ne t'a pas encore envoyé en mission commandé faire la chasse à des voleurs. Si tu en abats, tu ne dormiras pas toute la nuit, mais c'est le métier qui t'emmène là. Tu dois t'y faire.

Il avala le contenu du verre, d'un trait. Il s'était marié et avait trois enfants à nourrir.

- *Si mes enfants apprenaient une telle chose ...*

- *Un autre verre soldat.*

- *Non mon capitaine, je suis en service pour le recrutement.*

- *Pour combien de places ?*

- *1000 places mon capitaine.*

- *On est de plus en plus sollicité.*

- *Il n'y a plus de travail dans le pays. Ils cherchent un salaire.*

- *Quelle misère, il n'y a plus de vocation. Allez au travail ! Major ! Un denier verre pour la route et ne confond pas les dossiers là-bas ?*

- *Non mon capitaine, toujours opérationnel à tout instant.*

Il sortit de la salle sous le regard jaloux de ses amis. La sueur qui perlait son front n'avait pas encore complètement séchée. Il était plus gai.

- *Vous deux là, vous complotez quoi encore ?* lui dit un de ses amis.

- *Rien soldat.*

- *Moi soldat, mais il devient fou.*

Ils se mirent à rire.

- *Cet enfant a huit ans. Il me faut le voir tôt ou tard. Même si c'est à distance.*

Il appela « un classe » dans son bureau.

- *Mon cher tu connais la petite du village Niati, celle qui avait treize ans ?*

- *Oui, mais ça remonte ça. Que s'est-il encore passé ? On avait juré ne plus en parler, c'est une affaire classée.*

- *Je sais, mais au cours de cette fameuse nuit, elle dormait dans la chambre à côté.*

- Et alors ?

- Elle était là aujourd'hui même.

- J'ai effectivement vu une femme entrer dans le bureau du capitaine et toi après. Et alors ?

- Il a un enfant de huit ans ?

- Et alors ?

- Il est de moi. C'est le mien mon cher. Le passé me rattrape.

- Laisse-moi ça. Que voulait-elle ?

- Me dire que j'ai un enfant que son oncle élève. Elle m'a interdit de le voir.

- Elle a raison. Laisse tomber.

Sa classe sortit du bureau, et il retourna sa chaise. Tout lui paraissait subitement confus. Il ne voulait plus penser à cette intervention.

- La vie c'est drôle. Les choses finissent toujours par nous rattraper. Heureusement que je ne faisais plus partie de ce groupe maudit. Il me faut voir cet enfant à n'importe quel prix.

Chapitre 5

Il restait deux ans de scolarité à Boukondé. Elle travaillait toujours beaucoup plus. Il fallait fournir toujours plus d'efforts personnels. Sa vie se déroulait entre les salles de classe, les bibliothèques, la salle informatique et sa chambre.

Son oncle ne se plaignait guère. Car son désir le plus profond était de voir sa cette fille réussir.

Elle ne lui avait pas encore présenté un homme.

- *Maggy ?*

- *Papa !*

- *Ta petite sœur n'a pas d'ami ou quoi ?*

- *Elle n'y pense pas encore. D'abord ses études et le reste on verra.*

- *Mais moi dans tous vos plans, je ne suis pas représenté ?*

- *Si, en très bonne place.*

- *Moi, je veux déjà manger.*

- *Ça viendra.*

- *A notre époque, les choses ne se passaient pas comme ça. Ah notre époque !*

- *Tu parles de quelle époque papa ? Tu as toujours vécu en ville.*

- *Mais mon père me racontait quand j'étais au village.*

- *Ton rigollot père-là, il connaissait même quoi ?*

- *Tu parles de mon père avec légèreté ? Un ancien combattant ! Je te rappelle qu'il avait la nationalité française !*

- *Ton père c'était même qui ? Le court homme qui venait ici et qui emportait tout. Dommage qu'il ne soit plus là, il allait souffrit avec tous ces petits-fils et son arrière-petit-fils.*

- Tiens, parlant d'arrière-petit-fils, que te dit ta petite sœur à propos du père de son fils ?

- C'est un problème résolu.

- Qui est-il même ?

- C'est un policier.

- Informez-moi quand même quand vous faites vos choses.

- Bien compris papa.

- Mais vous ne pouvez pas vivre sans un homme à côté. Le tien, je le connais, mais le sien non.

- On y pense de plus en plus.

- Bien, je vous fais confiance.

Boukondé était dans sa chambre absorbée par un exercice de comptabilité qu'elle devait rendre le lendemain. Sa chambre ressemblait à une bibliothèque, il y avait des livres partout. Un tableau qui résumait ses tâches scolaires était accroché contre un mur.

Maguy lui apporta un thé au lait qu'elle posa sur la table.

- Oh merci Yaya, je ne t'avais pas entendue entrer. J'ai un exercice de comptabilité à rendre demain. Je vais quand même marquer une pose.

Elle but lentement le thé, mais toujours avec cet air de méditation. Sa sœur ne disait rien.

- Où est-ce que tu en es avec Jean ? Je pense à lui, il était tellement gentil avec toi, avec moi.

- Celui-là commence à devenir attachant.

- Mais il a raison Yaya. Ça fait sept ans que tu travailles, il faut maintenant que tu passes à autre chose !

- Dans tes chiffres tu as le temps de penser à autre chose ?

- De temps en temps. C'est tout aussi important que les études. C'est même encore plus déterminant que les études. Ça ne se rattrape pas.

Elle parlait avec assurance, ce qui d'ailleurs faisait plaisir à sa sœur.

- Je suis fière de toi, tu as traversé ces moments avec courage.

- Yaya, je ne vous remercierai jamais assez pour l'encadrement dont j'ai bénéficié.

- Tiens, j'ai croisé le frère ta mère hier.

- Ça fait près de dix ans que je ne l'ai pas revu. C'est curieux je n'ai jamais pensé à ces gens-là.

- Normal, tu es absorbé depuis huit ans par tes études !

- Yaya au point d'oublier les parents. De toutes les façons, ils n'ont jamais accepté la présence de maman. Je ne regrette rien.

- On va les rencontrer le moment venu.

- Je te comprends Yaya. C'est quand même curieux, ils n'ont jamais cherché à me voir.

- On connait où certains habitent.

- Oui, mais la qualité-là !

- Je te laisse travailler. Je vais faire quelques courses avec le petit. Il n'y a plus rien dans le congélateur.

Elle prit place au salon et son neveu vint la retrouver.

- Vient mon cher, j'ai des bonbons pour toi.

- Mais tantine, je suis déjà grand.

- Tu es grand pour toi, mais pas pour moi. Tu es mon fils et tu resteras toujours un petit garçon.

- Tantine où est mon père ?

- Tu le verras un jour, il apprend à l'étranger.

- Tantine, il est comme moi ?

- Qui t'a dit que tu es beau ? Tu es plus mignon que lui. Allons faire des courses.

- Tantine tu vas m'acheter un livre de lecture.

- Pas de problème fiston. Je vais d'abord débarrasser la table de ta petite mère. Ça ira ma petite. Tu es en fin de cycle et dans quatre mois, tu auras ton diplôme. Je t'ai déjà trouvé un poste dans une entreprise de la place.

Elle ressortit de la chambre et ferma la porte lentement.

- Elle dort on y va et rappelle moi pour ton livre.

Il adorait sa tata tellement elle était gentille et patiente avec lui.

Boukondé leur avait fait un gâteau. Ils s'installèrent à la terrasse arrière.

- Tu as terminé tes exercices ma chérie ? Tu t'épuises beaucoup et il faut que tu aies une alimentation équilibré.

- Oui Yaya. C'est le dernier tournant avant les examens dans quelques semaines.

- Je te fais confiance.

Pendant toute la période de la préparation des examens, son fils qui avait compris qu'il n'avait plus de place auprès d'elle, passait beaucoup de temps avec sa grand-mère ou sa tante.

Le jour de la proclamation des résultats, sa sœur l'avait accompagnée. Ils n'eurent pas de peine à voir son nom, il figurait en en haut du tableau. Elle sauta au coup de sa sœur et se mit à pleurer. Son oncle les avait suivies.

- Félicitation ma petite fille, je suis très fier de toi. On va la maison. Ta tante t'a fait un repas. Que tes collègues viennent aussi.

- Monsieur, nous vous présentons nos félicitations. Vous avez une fille qui a de l'avenir.

Elle reçut des mains du professeur principal une somme de cent mille francs.

- Félicitation jeune fille. Et bonne chance pour la suite. Tu le mérites jeune fille. Un hourra pour notre championne. On se voit pour les rapports de stage dans trois mois. Allez bonne chance à tout le monde.

- Les amis, mon oncle vous invite à la maison. Allez les gars et les filles, partez vous changer et on se retrouve dans deux heures. Je compte sur vous !

La table était bondée de nourriture et de boissons. Son oncle interrompit la cérémonie.

- Les enfants s'il vous plaît, une minute. Je vous remercie d'avoir accepté cette invitation. Je vous félicite pour vos résultats. Vous avez réussi sur le plan scolaire. Il vous reste maintenant les stages et les soutenances. Je vous souhaite une bonne soirée. Mais surtout pas de boisson alcoolisés pour les étudiants.

Le plus proche condisciple de Boukondé prit la parole.

- Papa, permet moi de prendre la parole au nom de mes collègues. Nous te remercions pour cette invitation et tenons à féliciter notre championne. Dioto, nous te félicitons et t'offrons ce bracelet en signe d'amitié.

C'était un beau bracelet en or plaqué sur lequel ses initiales étaient gravées : MD, c'est ainsi que ses collègues l'appelaient.

Deux semaines plus tard, elle débutait son stage. Cette entreprise lui offrait l'opportunité de s'exprimer. Elle avait démarré le stage dans les archives de l'entreprise. L'opération consistait à y mettre de l'ordre.

La deuxième phase du stage s'était déroulée dans un service qui lui permettait de mettre en pratique ses connaissances. Elle comprit finalement que son passage par les archives était nécessaire. Son thème de stage portait sur les états de rapprochement en comptabilité.

Elle arrivait très tôt le matin et repartait tard le soir. Elle passait les midis à faire les synthèses du travail effectué en matinée. Elle en faisait autant en fin de d'après midi. Chaque document était soumis à l'appréciation de son maître de stage.

Le patron était satisfait. Elle apportait des nouvelles façons de faire plus efficaces et plus rapides à la satisfaction de son maître de stage.

Elle simulait la soutenance avec sa grande sœur et son oncle. Ils lui faisaient des suggestions quand cela était nécessaire, même s'ils ne comprenaient pas toujours ce qu'elle leur disait. Sa soutenance eut lieu quelques jours après le dépôt de son rapport. Elle obtint la mention suprême.

Chapitre 6

Le monde du travail lui avait ouvert ses portes. Tout le monde était fasciné par son enthousiasme au travail et des tâches bien faites. Affectée au service comptabilité, son travail consistait à vérifier les comptes des clients.

Elle s'enfermait des heures entières dans son bureau et ne rentrait qu'une fois le travail terminé.

- *Comment se fait-il que ton travail est toujours terminé à temps ? Vous nous étonnez beaucoup* lui fit remarquer le directeur général.

- *C'est une question de programmation. Je m'arrange à ce que les choses soient faites dans les temps.*

- *Mais vous avez quand même une vie de famille ?*

- *Oui.*

- *C'est étrange. Il faut prendre du temps pour soi-même aussi.*

- *Je sais DG, les vacances sont faites pour ça.*

- *J'ai compris. Avec ce rythme, vous allez prendre la place de votre supérieur. Il ne voit pas d'un œil cette façon de travailler.*

- *Je ne viens pas prendre la place de quelqu'un, j'exécute les tâches qu'il me confie.*

- *Je vous annonce que vous êtes engagée et que votre salaire double. Félicitation mademoiselle.*

- *Merci DG. Je vous remercie vivement.*

- *Le patron n'en sera que très ravi Mademoiselle. Bonne soirée. Mais reposez-vous de temps en temps, c'est important. Vous n'êtes plus une étudiante !*

- *Merci Monsieur le directeur, je ferais l'effort de tenir compte de votre précieux conseil.*

Elle se leva et sortie en referma doucement le porte. Elle se dirigea vers son bureau. Un travailleur se tenait devant la porte. Elle hésita un peu.

- N'ayez pas peur Mademoiselle. Nous avons une surprise pour vous. Vous allez changer de bureau. Vous allez dorénavant occuper le bureau sur la droite.

- Merci.

- Je vous en prie.

- Tinga Jean de Dieu, déménageur intérieur de l'entreprise.

Il transporta les cartons dans un bureau plus spacieux et plus majestueux.

- Yaya devine ?

- Tu as trouvé quelqu'un, un beau-frère ?

- Non. J'ai été retenue et mon salaire a doublé. Je sors du bureau de mon chef. Il semble que mon chef se sent en danger. Comment faire pour le rassurer ?

- Ne t'en fais pas petite sœur, c'est cela le monde du travail. Il est sans pitié.

- Mais je ne viens prendre la place de personne. Je travaille tout simplement.

- Il faut travailler, le reste suivra.

- Merci Yaya, je vais acheter quelque chose pour fêter ça. Je me sens tellement légère en ce moment.

- Je t'attends.

Elle termina le travail plutôt que prévu. Elle sortit de son bureau et alla dire au revoir comme d'habitude à son chef.

- Bonne soirée Mademoiselle.

- Merci DG pour le bureau.

Le lendemain, après une vérification minutieuse du travail de la veille :

- Mademoiselle, vous me surprenez. Je suis très fier de vous. Vous pouvez disposer. Et bonne journée.

- Merci DG pour la confiance que vous me faites.

Peu après, elle se retrouvait au restaurant avec sa grande sœur.

- Nous avons bien mangé. Nous sommes fiers de toi ma petite chérie.

- Je t'ai acheté un petit quelque chose

Elle n'en revenait pas.

- C'est exactement ce que je cherche depuis six mois, une montre pour médecin. Merci beaucoup grand-mère. Tu es vraiment un ange.

- Je t'annonce quelque chose aussi : je suis en grossesse et je me marie dans trois mois avec ton fameux Jean.

- Je suis heureuse pour toi Yaya.

Quelques heures après, elles étaient à la maison. Les nouvelles furent annoncées au père.

- Papa, où est ta femme ?

- On veut tout savoir ! déclara celui qui venait après Yaya.

- Maman, chers frères et sœurs, je vous annonce que je vais me marier dans trois mois. Jean viendra voir papa.

Boukondé prit la parole. Elle était hésitante. Sa voix paraissait cassée.

- Une grand-mère ne doit pas avoir honte de parler, sinon qu'est-ce qu'on devient ?

- Bien. Je vous annonce que j'ai signé mon contrat aujourd'hui.

- Maman, ton cadeau, on ira le récupérer demain.

Aux autres membres de la famille, elle avait acheté des menus objets. Boukondé changea de mine, personne ne s'en était rendu compte. Elle imaginait la question que le petit allait poser à son oncle. Depuis quelque temps, il lui posait de plus en plus des questions sur son père. Et chaque fois, c'était la même réponse : *« ton père apprend à l'étranger »*.

Il était temps d'en parler pensait son oncle.

L'oncle tenait parfois la photographie de son frère. Sa femme le soutenait autant qu'elle pouvait. Il ne fallait surtout pas que cette tristesse qui l'habitait affecte l'ambiance de la maisonnée.

- Maman, je veux te voir pour parler de nous, de la famille. Es-tu prête à m'écouter ?

- Oui papa.

- Bien. Tu as un diplôme et tu travailles, tu as de l'avenir. Mon petit-fils est un enfant charmant, attachant. Nous sommes tous fiers de lui. Mais un problème se pose, tu t'en doutes, je veux parler de son père

- Papa, c'est vrai que c'est un sujet délicat pour lui comme pour moi.

- En fait son père est un policier. Il venait au village avec ses amis. C'est difficile à expliquer. J'étais tellement jeune. Je crois que je ne m'en remettrai jamais.

- Je t'en prie, raconte. Il faut que l'on règle ce problème.

- Je disais qu'il venait au village avec ses amis, intéressés qu'ils étaient par ce que ton frère et sa femme vendaient. C'est ainsi qu'un jour, il me ...

- Où travaille-t-il ?

- En ville, on s'est vu il y a quelques années.

- Alors ?

- Alors je ne lui permettrai pas de rencontrer ton petit-fils. Quel pourrait sa réaction quand il apprendra qu'il est né d'un viol ?

Son oncle qui avait prit un verre de vin se sentit curieusement soulagé.

- Ne me regarde pas comme ça, je consomme rarement des boissons alcoolisées. Je sais aussi ce que tu penses et je te comprends. L'affaire est close.

- C'est ce qui me fait peur. J'aime mon fils et je souhaite le meilleur pour lui.

- Tu ne le prendras pas ma chère, c'est mon fils. Tu en feras le tiens avec l'homme que tu vas rencontrer.

- Je trouverai une stratégie pour cela.

Elle leva la tête, son oncle s'était affalé sur la chaise.

- Ne fais pas cette tête, je continue à faire la fête de ton diplôme. Tu n'as pas un homme dans ta vie ?

Elle s'attendait à tout sauf à cette question. Elle soupira.

- J'ai un ami, je ne comprends pas, les hommes me fuient !

- Il faut te comporter comme une femme. Tu sais la société a établi des normes. Elles peuvent évoluer, mais dans le cas d'espèce, elles n'ont pas beaucoup bougé. Tu es une femme de caractère mais cela ne doit t'emmener à exaspérer ceux qui t'approchent. Montre-toi parfois enthousiaste face à des choses inutiles. C'est aussi cela la vie !

Elle n'avait pas cultivé ces aspects pendant son adolescence.

- Je sais que tu vas y arriver. Associer l'utile à l'agréable ma fille c'est important dans la vie, surtout d'une femme.

- Papa !

- Laisse-moi parler jeune fille. Ton choix doit correspondre à tes ambitions.

Elle bénéficia de la direction générale d'une voiture, réalisant ainsi sa promesse. Un jour, pendant qu'elle stationnait en face du commissariat, le père de son enfant apparut. Son fils qui ne quittait pas de regard le portail lui dit :

- Maman, cet homme n'est-il pas mon père ?

- Mon cher ami, cet homme que tu vois là-bas est effectivement ton père. Si tu veux descendre lui dire bonjour, tu as la liberté de le faire.

- Finalement, je ne veux pas, je le verrai prochainement. Je voudrais savoir pourquoi tu ne t'es marié avec lui.

- Lui seul pourra te l'expliquer.

- Je passerai ici un de ces jours. Ton silence me dit que tu ne veux pas parler.

- Non.

- Maman, tu as trouvé une maison ? On déménage quand ? Est-ce que j'ai une chambre là-bas ?

- Tu poses trop de questions à la fois. J'ai effectivement acheté une maison, pas loin de chez ton grand-père. Tu as une chambre à toi tout seul. Tu vas laisser maman tranquille.

- Tu as un amoureux ?

- Petit coquin. Tu l'as vu où ?

- Mais maman, il faut bien que tu te maries un jour. J'ai besoin d'un papa qui va s'occuper de nous !

- Tu as raison, mais maman doit d'abord s'installer et après on verra.

- Bien maman.

Boukondé sentit une grande fraicheur lui traverser l'esprit.

- *Quelle nuit mouvementée ?*, s'interrogea-t-elle

Au petit matin, elle se réveilla en sursaut et se dirigea vers la chambre de ses parents. Elle n'ouvrit pas la porte. Elle ressentait de la peur. Elle sortit par la porte arrière. Tout était en ordre. Aucune planche n'était abîmée, aucun arbre abattu. Une voie lui parvint des bananiers, c'était celle de son père. Elle se retourna. Il avait plutôt fière allure ce matin. Il avança vers elle.

- Que cherches-tu jeune fille ? Tu sembles être préoccupée !

- Non papa. C'est juste pour vérifier si tout va bien.

- Tout va pour le mieux ma petite poupée.

Elle ne comprenait rien à l'attitude de son père ce matin. Lui qui, d'habitude se réveillait avec une mine repoussante, riait à gorge déployée.

- Papa, où est maman ?

- Elle est dans la chambre. Mais que se passe-t-il ce matin jeune fille ?

- J'ai un fait cauchemar cette nuit. Et j'ai un peu peur.

- Pas d'inquiétude ma fille chérie. Je t'annonce que tu as été reçue en sixième et au CEPE. Nous avons eu les résultats hier. Cela signifie que tu iras poursuivre tes études en ville chez mon frère.

Elle sauta au cou de son père et se mit à pleurer. Enfin les efforts de ses parents étaient couronnés. Sa mère sortit de la chambre. Elle était heureuse et prit sa fille dans ses bras.

- Enfin ma fille, ma petite fille va devenir une personne.

Son père était allé chercher la lettre expédiée en soirée par son frère qui annonçait cette bonne nouvelle :

- Ma fille, vient prendre la lettre.

- Mais qui va vous rendre des services ici, au village. Non je ne veux pas partir !

- Ne dit pas n'importe quoi ! C'est pour ton avenir. La ville n'est pas loin.

- Elle dit quoi ? Tu iras en ville. La ville est à quarante kilomètres. Tu pourras tous les trois mois venir nous voir lui dit sa mère.

- Je vais partir mais à une condition : vous devez venir me rendre visite.

- On le fera lui promit son père. *Il ne faut dire à personne que tu es admise en sixième et que tu as obtenu ton CEPE.*

Boukondé entra dans sa chambre en tenant la lettre. Désormais, elle allait être une fille de la ville. La ville, c'était la réussite.

- *Je suis une Blanche, je vais vivre là où il y a le courant, l'eau glacée. Je vais porter les habits des Blancs. Je vais manger les pains au beurre, au chocolat.*

Elle arrêta de parler et son père s'en inquiéta. Après quelques minutes, il l'interpela :

- *La Blanche, tu ne parles plus ?*

- *Je réfléchis papa, j'ai un fait mauvais rêve.*

- *Il se termine bien ton rêve ?*

- *Bien papa.*

Boukondé Dioto

6e E, Collège des filles

B. P. 50

Ndzokounamoyi

Maman et papa

Je suis bien arrivée en ville. Ton frère était content de me voir arriver. Sa fille, la première, m'a dit qu'elle va m'aider à l'école. Ils n'ont pas compris pourquoi vous m'avez envoyée avec quelqu'un d'autre. J'ai expliqué que vous avez les plantations à finir. Ils ont compris.

Mon école est très belle. Il n'y a que des filles. Les professeurs, c'est comme ça qu'on appelle, les gens qui nous enseignent, sont très gentils quand on étudie nos leçons. Chaque professeur enseigne une matière, c'est vraiment différent de l'école primaire. Hier, le professeur de français a fait l'appel, il dit que mon nom était spécial. Tous mes amis se sont mis à rire. J'avais un peu honte.

Papa et maman, je vous aime très fort et je vous promets que je serai sage, et la meilleure de ma classe. Vous serez contents de moi, votre fille. On a déjà fait deux devoir en français et en mathématiques, j'ai obtenu 18 et 17. Je suis la meilleure maman. Avec ma bourse, je vous vais envoyer le poisson et l'huile. Vous me manquez beaucoup, je garde votre photo que vous m'avez donnée, elle est sur ma table de travail. J'ai une chambre pour moi-même, ton frère me garde bien avec moi.

Papa et maman, hier le professeur de sciences naturelles nous dit que le chanvre était une mauvaise chose. On vole et on tue les autres à cause de ça.

Je vous embrasse très fort

Boukondé

Sommaire

Printed by Books on Demand GmbH, Norderstedt / Germany